Bestell-Nr. RKW 5191

© 2022 Kawohl Verlag 46485 Wesel
Alle Rechte vorbehalten

Bibelzitate aus Einheitsübersetzung der Heiligen Schrift
© 2016 Katholische Bibelanstalt, Stuttgart
Alle Rechte vorbehalten

Texte, Titelbild und alle Innenbilder: Pater Andreas Pohl SCJ

Gestaltung: Kawohl Verlag / R. Konrad
Lektorat: Kawohl Verlag / J. Dörr

Druck und Bindung: Drukarnia Dimograf,
Bielsko-Biała, Polen

ISBN: 978-3-86338-191-2   www.kawohl.de

Berührt

52 Impulse, die ermutigen
von Pater Andreas Pohl SCJ

Vorwort

Der Mensch ist berührbar. Gott hat uns berührbar gemacht, damit wir das Leben berühren und vom Leben berührt werden. Wer es zulassen kann, der wird wachsen, blühen und das Leben lieben.

Alles, was wir sehen, was wir hören und spüren, kann uns in der Tiefe des Herzens berühren, die Seele streicheln, sie wachhalten und ergreifen. Es kann uns die Augen öffnen, um Gott und dem Geheimnis des Lebens auf eine besonders tiefe Weise zu begegnen.

Der Mensch lebt ja nicht nur von Brot allein, sondern auch davon, wie und womit sein Herz berührt wird.

Eine berührte Seele bleibt wach und sie spürt das Leben intensiver. Sie wird fähig zu leben und zu lieben und ... das Leben der anderen zu berühren.

Die nachfolgenden Texte und Fotos sind in Wort und Bild Früchte solcher Berührungen und möchten nun wiederum Sie berühren.

Eine Seifenblase platzt

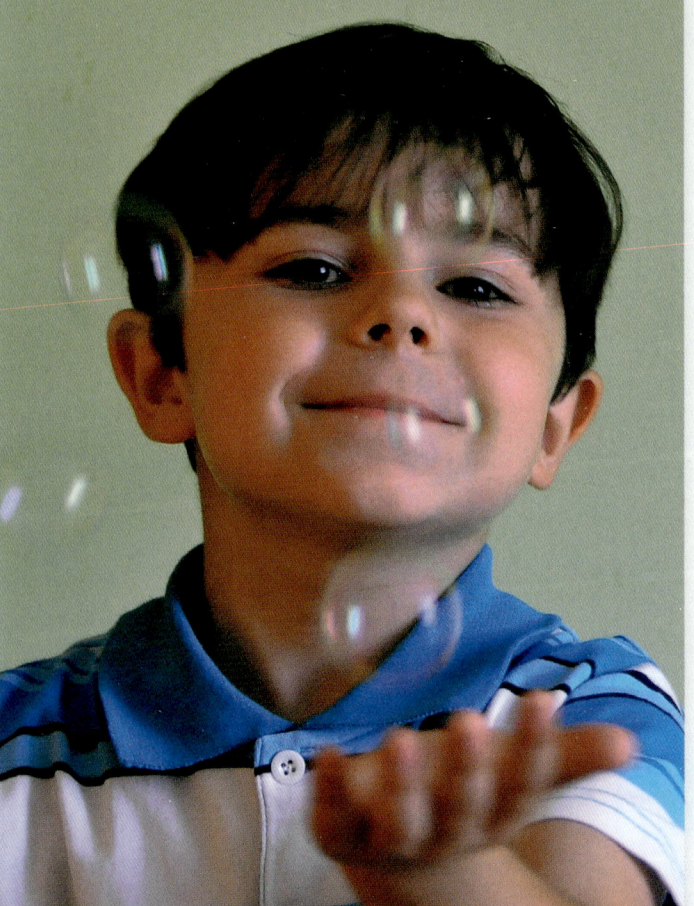

Als ich Kind war, erzählte man mir oft von einer Welt, die es bald schaffen würde, im Frieden mit allen Nationen und im unbegrenzten Wohlstand zu leben. Und ich glaubte daran. Später merkte ich, dass es eine Illusion war. Eine Seifenblase platzte.

In meiner Jugend hat man mich ermutigt, Ideale zu haben und ihnen nachzulaufen, damit sie sich in meinem Leben verwirklichen würden. Ich glaubte auch daran. Irgendwann merkte ich, dass auch das eine Illusion war. Eine weitere Seifenblase platzte.

Dann hat man mir eingeredet, dass man alles erreichen kann, wenn man nur will, und ich habe eine Zeit lang sogar daran geglaubt. Heute sehe ich, dass es eine weitere Illusion war. Wieder platzte eine Seifenblase.

Wie viele Seifenblasen in meinem Leben noch platzen werden, weiß ich heute noch nicht. Ich weiß nur: Jedes Mal, wenn sie platzen, tut es erst weh, aber danach fühle ich mich leichter und sehe mein Leben klarer und authentischer. Damit auch die letzten platzen, bete ich: „Herr, lass alle Illusionen meines Lebens wie Seifenblasen platzen, denn sie täuschen mir eine Welt vor, die es nicht gibt!" Seitdem spüre ich, dass ich wachse, nach innen wachse.

Zwischentöne

Vor Kurzem habe ich dir etwas aus meinem Leben erzählt. Ich habe geredet und geredet, und du hast nichts gesagt. Du hast nur zugehört. Du hast mir aber den Raum gegeben, in dem ich mich frei und geschützt fühlte, so zu sprechen, wie es mir gerade in den Sinn kam. Manchmal habe ich auch geschwiegen, weil ich die Befürchtung hatte, dir mit meinen Sorgen lästig zu werden. Und du hast mit mir geschwiegen.

Heute schreibst du mir: „... Das meiste aber habe ich gehört, als du geschwiegen hast. Ich habe deine Angst gehört, mir zur Last zu fallen. Und ich habe auch das gehört, was du nicht gesagt hast aber sagen wolltest. Darum kann ich dich verstehen."

Ich danke dir, dass du die Gabe hast, auf die leisen Zwischentöne meiner Seele zu hören. Du hast die Melodie meines Lebens gehört, die die meisten überhören, weil sie die Wellenlänge der Zwischentöne nicht kennen. Du kennst sie. Ich kann dir vertrauen!

Die Tür

Ich weiß nicht, wie viele Male ich durch unterschiedliche Türen gegangen bin und wie viele Male ich anderen eine Tür geöffnet habe. Ich kann es nicht zählen, aber es werden einige tausend Male gewesen sein. Aber immer spüre ich, wie jede Tür etwas Neues, etwas Geheimnisvolles ausstrahlt. Sie zu öffnen kann eine Freude sein, aber auch ein Wagnis, weil ich nicht weiß, was mich dahinter erwartet.

Ich weiß nicht, wie oft ich bereits gehört habe, dass Gott an der Tür des Herzens steht und leise anklopft, und wie oft ich schon vor anderen darüber gesprochen habe. Auch das kann ich nicht zählen. Jedes Mal fasziniert es mich neu, dass es zwischen Gott und mir eine Tür gibt, die er respektiert. Er würde sie niemals mit Gewalt öffnen.

Einmal habe ich begriffen, was Gott meint, wenn er sich vorstellt: „Ich bin die Tür" (Johannes 10,9). Seitdem habe ich mich entschieden, in dieser Tür zu stehen und ich bereue es bis heute nicht. Ich spüre: Was hinter mir liegt, kann ich nicht ändern. Was vor mir liegt, hat Hoffnung. Deshalb will ich mein Leben lang in dieser „Tür" stehen bleiben. Dann weiß ich, ich bin in Gott geborgen.

Der Preis
des Blühens

Wenn du dich entschieden hast zu blühen, wundere dich nicht, dass du dadurch angreifbar geworden bist. Das ist der Preis des Blühens. Deine innere Schönheit, deine Gaben und Talente werden gesehen, geliebt und bewundert, aber sie werden auch kritisiert, gehasst und beneidet. Es wird immer Menschen geben, denen dein Lebensstil eine unangenehme Provokation ist und sie werden dich ihre Kälte spüren lassen.

Wenn du dich entschieden hast zu blühen, wirst du viel Wärme und Geborgenheit erleben, aber nicht nur das. Rechne damit, dass du auch der Kälte ausgesetzt sein wirst. Du erfährst bei den Menschen nicht nur Freude darüber, dass es dich gibt. Du erfährst auch Ablehnung und Missachtung. Es wird dann kalt um dich und du beginnst innerlich zu frieren.

Wer blühen will, riskiert Verletzungen und Kälte. Wer aus Angst davor nicht blühen will, der bleibt in seiner Knospe stehen. Vielleicht bleiben ihm die schlechten Erfahrungen erspart, aber er wird nie glaubwürdig sagen können: Ich habe gelebt, geliebt und geblüht. Traue dich zu blühen! Nur wer blüht, bringt Früchte.

Du und ich

Als ich dir auf dem Schiff meines Lebens begegnet bin, warst du mir zuerst eine Zeit lang fremd. Aber auch ich war für dich ein Fremder, dem du mit Distanz begegnet bist.

Je länger wir unterwegs waren, desto mehr haben wir voneinander erfahren. Je mehr wir aufeinander gehört haben, umso deutlicher haben wir unsere Gedanken sogar im Schweigen gehört.

Als du mich fragtest, warum wir eigentlich zusammen reisen, sagte ich: „Wenn wir allein reisten, wüssten wir nicht, wer und wie wir wirklich sind." Und dann traute ich mich zu fragen: „Wohin reisen wir eigentlich zusammen?" Und du gabst mir die Antwort: „Dahin, wo du du bleibst und ich ich."

Ich möchte nicht, dass wir diese Reise beenden. Es wird schon einen Hafen geben, in dem wir einmal beide zusammen ankommen: Du als du und ich als ich.

Die brennende Kerze

Wenn du ein im Herzen lebendiger Mensch bist, dann bist du ähnlich einer brennenden Kerze. Kerzen leben nicht für sich selbst. Ihr Licht ist immer ein Licht für andere und ihre Wärme ist wie ein Magnet, der viele anzieht. Menschen fühlen sich zu ihr hingezogen, weil sie innerlich oft frieren und hungrig nach Wärme sind.

Es gibt viele Kerzen, die sich weigern ihre Kerzenfabrik zu verlassen, weil sie Angst haben zu brennen und immer kleiner zu werden. In ihrer Kerzenfabrik fühlen sie sich sicher, sie verbrennen nicht und werden auch nicht kleiner, aber sie werden auch nie strahlende Augen von Menschen sehen, die sich dankbar um sie scharen und ihre Wärme suchen.

Unsere Welt lebt von Menschen, die sich trauen, für andere eine brennende Kerze zu sein. Sie haben keine Angst, dass dadurch ihre Energie eines Tages verbraucht ist und sie erlöschen. Sie freuen sich, wenn sie anderen Menschen mit ihrem Licht und ihrer Wärme eine Freude machen. Dafür investieren sie ihr Leben. Am Ende ihres Lebens werden sie nicht bereuen, gebrannt zu haben.

Unterwegs

Als Gott zu Abraham sagte: „Geh!", ging er, und er ist am Ende dieses Weges zum „Vater des Glaubens" geworden. Auf dem Weg dahin musste er aber unbekannte Wüsten durchqueren und die Nächte des Zweifelns aushalten.

Als Gott zu Mose sagte: „Geh!", stotterte er zuerst, aber dann ging er doch. Dadurch ist er zu einem großen Befreier seines Volkes geworden. Der Weg dahin führte aber 40 Jahre lang durch die Wüste.

Als Gott zu Jeremia sagte: „Geh!", meinte er zuerst, er sei dafür noch zu jung. Aber er ging doch und ist zu einem glaubwürdigen Menschen des Glaubens geworden. Der Weg dahin führte aber durch die Wüsten des Zweifelns und der Niederlagen.

Wenn Gott dir sagt: „Geh!", dann will er, dass dein Glaube wächst. Auf dem Weg dahin bleiben dir Sackgassen und schlammige Wege nicht erspart. Aber gerade dadurch wirst du erfahren, wie Gott dich durch die Hindernisse trägt. Der Glaube wächst nicht im Haus der Bequemlichkeit. Er wächst unterwegs.

Geheimnisvolle
Nächte

Als Gott begann, den Kosmos zu erschaffen, war es dunkel. Es gab kein Licht und die Sterne funkelten noch nicht am Himmel. Gott war trotzdem schon aktiv. Niemand kann sich erklären, wie es geschah, aber es geschah.

Als Gott Jesus von den Toten auferweckt hat, geschah es auch in der Nacht. Niemand war dabei und niemand hat es gesehen, aber es geschah.

Die Nächte sind oft ein bevorzugter Ort für das besondere Handeln Gottes. Gott handelt oft im Verborgenen, ohne Zeugen. Er will keine Beobachter, keine neugierigen Journalisten, keine nervigen Paparazzi. Er ist ein Gott der Überraschungen und Überraschungen werden im Verborgenen bereitet, manchmal auch in der Dunkelheit der Nacht.

Es gibt viele geheimnisvolle Nächte in deinem Leben, die keine verlorenen Nächte sind. Gott breitet den Mantel der Dunkelheit über dich aus, um im Verborgenen etwas für dich zu tun – Nächte Gottes mit dir. Sie werden sich früher oder später als Nächte der Überraschungen erweisen. Durch sie wirst du reifer, reicher und menschlicher. Niemand weiß, wie es geschieht, aber es geschieht.

Wie ein Hirt
weidet er seine Herde,
auf seinem Arm
sammelt er die Lämmer,
an seiner Brust
trägt er sie,
die Mutterschafe
führt er
behutsam.

Jesaja 40,11

Die kleinen
Schritte

Deine ersten Gehversuche auf der Bühne des Lebens begannen mit kleinen Schritten. Zu großen warst du damals noch nicht fähig. Und trotzdem hast du die Schönheit der Welt entdeckt und schon damals viele gute Spuren hinterlassen.

Deine ersten Gehversuche in der Schule begannen auch mit kleinen Schritten: Mit dem Lesen und Schreiben des ABCs und mit dem Rechnen von Eins plus Eins. Heute stehen dir die Bibliotheken zur Verfügung und du kannst selbst anderen Menschen ein gutes Wort schreiben.

Deine ersten Gehversuche in der Schule der Herzensbildung kennen auch das Tempo der kleinen Schritte. Langsam und vorsichtig bewegst du dich durch die Räume deiner inneren Welt, um die vielen Geheimnisse deines Herzens zu entdecken und die Welt der leisen Gefühle nicht zu überhören. Dadurch lernst du dich tiefer kennen und du verstehst den Menschen besser, der neben dir steht.

Die kleinen Schritte haben es in sich. Alle großen Menschen hatten den Mut zu kleinen Schritten. Und sie kamen damit sehr weit.

„Wie geht es dir?"

Wenn du wirklich wissen willst, wie es mir geht, dann schweige zuerst mit mir, nimm meine innere Stimmung wahr, schaue auf meine Körpersprache, auf die Mimik und die Gesten. Sie sagen dir mehr von mir als meine kurzen und oberflächlichen Antworten: „Gut!" oder „Nicht so gut!"

Wenn du wirklich wissen willst, wie es mir geht, dann höre auf die Farbe meiner Stimme. In ihr kannst du etwas von meiner Lebenssituation hören, von meinem Charakter und von den Gefühlen, die mich gerade begleiten.

Wenn du wissen willst, wie es mir wirklich geht, musst du auch selbst bereit sein, dich zu öffnen und mir zu sagen, wie es dir geht. Das schafft Vertrauen. Dieses Vertrauen ist wie ein Schlüssel für meine innere Wohnung. Wenn du sie besuchst, erfährst du dort das von mir, was ich anderen nicht erzähle.

Aber was du in meiner inneren Wohnung gespürt, gehört und gesehen hast, behalte für dich. Wenn du damit respektvoll und diskret umgehst, bist du bei mir immer herzlich willkommen!

Die Mitte der Nacht

Wenn sich die Dunkelheit wie eine dunkle Decke über die Erde legt, beginnen die leuchtenden, aber auch die dunklen Fenster zu sprechen. Sie erzählen von Menschen, die hinter diesen Fenstern wohnen. Und sie erzählen von ihrem Leben, das oft sehr bewegt ist.

Die einen beenden ihren Tag mit einem „Happy End", die anderen träumen nur davon, weil sie gerade eine Niederlage nach der anderen erleben. Wieder andere wissen gar nicht, wie es ihnen geht, weil das schnelle Tempo ihres Lebens sie davon abhält, bei sich zu bleiben und auf die leise Sprache ihres Herzens zu hören.

Sowohl für die einen als auch für die anderen kommt gleichermaßen die Mitternacht und sie gilt als der Anfang eines neuen Tages. Sie weckt die Hoffnung, dass die Niederlagen von heute sich morgen in ein „Happy End" verwandeln können, und was heute unvollendet geblieben ist, schon morgen eine schöne Gestalt gewinnen kann. Und wer nicht weiß, was er will oder wollen soll, der darf trotzdem einschlafen mit der Hoffnung: „Gott gibt es den Seinen im Schlaf." Die Mitte der Nacht ist für alle der Anfang eines neuen Tages.

Gerade Schreiben

Seit meinem ersten Schultag haben sich Menschen darum bemüht, dass ich gerade schreibe. Man hat mir damals eingeredet, wer gerade schreiben kann, der wird auch gerade im Leben stehen. Ich glaubte in meiner kindlichen Naivität diesem Wort und bemühte mich um eine ordentliche Schrift in der Hoffnung, dass sie sich auch auf mein Leben auswirke.

Obwohl ich schnell lernte, gerade und sauber zu schreiben, merkte ich, dass das Leben trotzdem viele Klekse und krummen Zeilen hat. Sie sind unvermeidbar. Ich musste die Wahrheit hinnehmen, dass zum Leben viele krumme Etappen gehören und das Geradestehen im Leben nicht immer möglich oder sehr schwer sein kann.

Eines Tages fragte ich mich, ob Gott gerade schreiben kann, und mir kam sein Wort in den Sinn: „Der Stein, den die Bauleute verworfen haben, er ist zum Eckstein geworden" (Markus 12,10). Mich traf es ins Herz, dass Gott das, was die Menschen krumm gemacht und für wertlos erklärt haben, trotzdem zum Guten verwandeln kann. Seitdem trägt mich die Hoffnung: Eine Welt, in der Gott auf krummen Zeilen gerade schreiben kann, kann nicht verloren gehen!

Die Krüge Gottes

Als ich Kind war, hörte ich, dass Gott von jedem Gesicht die Tränen abwischen wird. Weil ich damals immer wieder weinende Menschen sah, fragte ich mich, ob Gott genügend Taschentücher für sie hat. Aber ich bekam keine Antwort.

Viele Jahre später las ich in einem Psalm: „Sammle meine Tränen in einem Krug, zeichne sie auf in meinem Buch" (Psalm 56,9). Seitdem glaube ich, dass Gott für die menschliche Tränen keine Tücher braucht. Jede Träne hebt er sorgfältig auf, keine geht ihm verloren und keine wird er vergessen.

Wenn es im Himmel ein Archiv gibt, dann stehen auf den Bücherregalen nicht Protokolle mit unseren aufgelisteten Taten, sondern Krüge, die mit menschlichen Tränen gefüllt sind. Dort werden sie vom Archivar gesammelt und behütet, denn was kostbar und wertvoll ist, darf nicht verloren gehen.

Irgendwo steht in dem Archiv Gottes zwischen den vielen anderen Krügen auch ein Krug mit deinen Tränen. Eines Tages werden die Archive Gottes für dich geöffnet und du wirst den Krug mit den Tränen deines Lebens finden. Und du wirst staunen, denn die dort gesammelten Tränen wird es nicht mehr geben. Sie sind verwandelt zu kostbaren Perlen.

Blühen

Jemand sagte mir: „Wenn du wirklich ein gottverbundener Mensch bist, wirst du im Leben gute Früchte bringen." Das hat mich angesprochen und ich begann, mich anzustrengen, um möglichst viele gute Früchte zu bringen, um meine Gottverbundenheit zu zeigen.

Als ich einmal vor einem blühenden Baum stand, wurde mir klar, dass es ist nicht so einfach ist, Früchte zu tragen, und ich wurde sehr niedergeschlagen. Da hörte ich den Baum zu mir sprechen: „Wer Früchte bringen will, muss zuerst selbst blühen." Ich fragte mich: „Wann hatte ich zuletzt das Gefühl zu blühen?" Und ich konnte mich nicht mehr daran erinnern.

Seitdem glaube ich, dass ich mir auch die Zeit nehmen darf, zu blühen und dies auch zu genießen. Nur wer sich traut zu blühen, kann später auch Früchte erwarten. Das ist das Gesetz der Natur, das auch für gottverbundene Menschen gilt.

Die Narben

Es gibt Menschen, denen du ansehen kannst, dass sie innerlich verwundet sind. Ihre Narben sind nicht zu übersehen. Hinter jeder Narbe verbirgt sich eine Geschichte und Ereignisse, die diese Geschichte geschrieben haben.

Die einen arbeiten ihr Leben lang daran, ihre Narben zu verstecken oder sie unkenntlich zu machen. Sie schämen sich ihrer, verdrängen sie und möchten nicht darauf angesprochen werden. Ihren versteckten Schmerz darüber werden sie aber nicht los.

Die anderen haben den Mut, ihre Narben zu zeigen und mit ihnen zu leben. Es sind die, die an ihren Wunden gearbeitet und sie aufgearbeitet haben. Dadurch ist es ihnen gelungen, zu ihren Verletzungen auf Distanz zu gehen. Sie haben die Geschichte ihrer Narben nicht vergessen und nicht verdrängt, aber sie haben sich so mit ihnen versöhnt, dass sie ihnen nicht mehr weh tun. Diese Menschen sind in ihrem Herzen geheilt.

Alle Narben in dir, die sichtbaren und die unsichtbaren, können dir dein Leben lang weh tun, aber das müssen sie nicht. Sie können auch Heilung erfahren.

Bei euch aber
sind sogar die Haare
auf dem Kopf
alle gezählt.

Matthäus 10,30

Der Schlüssel

Vor einiger Zeit habe ich dir „durch die Blumen" gesagt, dass es mir nicht leicht fällt, dir wirklich zu begegnen.

Du bist so verschlossen geworden, sagst kaum etwas und bist wie stumm. Ich komme mir vor, als ob ich vor einer verriegelten Tür stände, die sich nicht öffnen will. Ich fühle mich draußen. Und du sagtest wieder nichts dazu. Du hast nur geschwiegen.

Ein paar Tage danach kam Post von dir, und du schreibst: „Meine innere Welt ist keine Bundesgarten-schau und meine Gefühle sind kein Blumenbeet zum Bewundern. Wer sie nur anschauen will, aber sonst nicht mit ihnen umzugehen weiß, den lasse ich vor der Tür meiner inneren Wohnung stehen."

Seitdem ist bei mir angekommen: Wer selbst bereit ist, Gefühle zu zeigen und sie bei anderen so wie sie sind respektieren kann, der hat den Schlüssel zum Herzen eines Menschen gefunden.

Wenn ich morgen wieder an der Tür deiner inneren Wohnung stehe, bringe ich diesen Schlüssel mit. Ich glaube, ich werde bei dir willkommen sein.

Du bist anders

Wenn viele über den Glauben reden und sich wundern, dass ihnen kaum jemand zuhören will, dann bist du anders. Du redest nicht viel darüber, aber du lebst so, dass Menschen den Mut haben, dich nach deinem Glauben zu fragen.

Wenn falsche Propheten Untergangsstimmung verbreiten und Menschen in Angst und Panik versetzen, dann bist du anders. Du erinnerst an die Treue Gottes und die Liebe des Guten Hirten, der die Seinen niemals im Stich lassen wird. Dadurch wirst du zum Propheten der Hoffnung.

Wenn andere lange Sitzungen halten und debattieren, worin die Nächstenliebe bestehe, dann bist du anders. Du gehst lieber gleich zu den Verletzten und verbindest ihre Wunden. Liebe ist keine Information. Liebe ist Erfahrung.

Es tut gut zu sehen, dass du anders bist und den Mut hast anders zu sein. Du bringst Farbe ins Leben, und machst anderen den Mut anders zu sein.

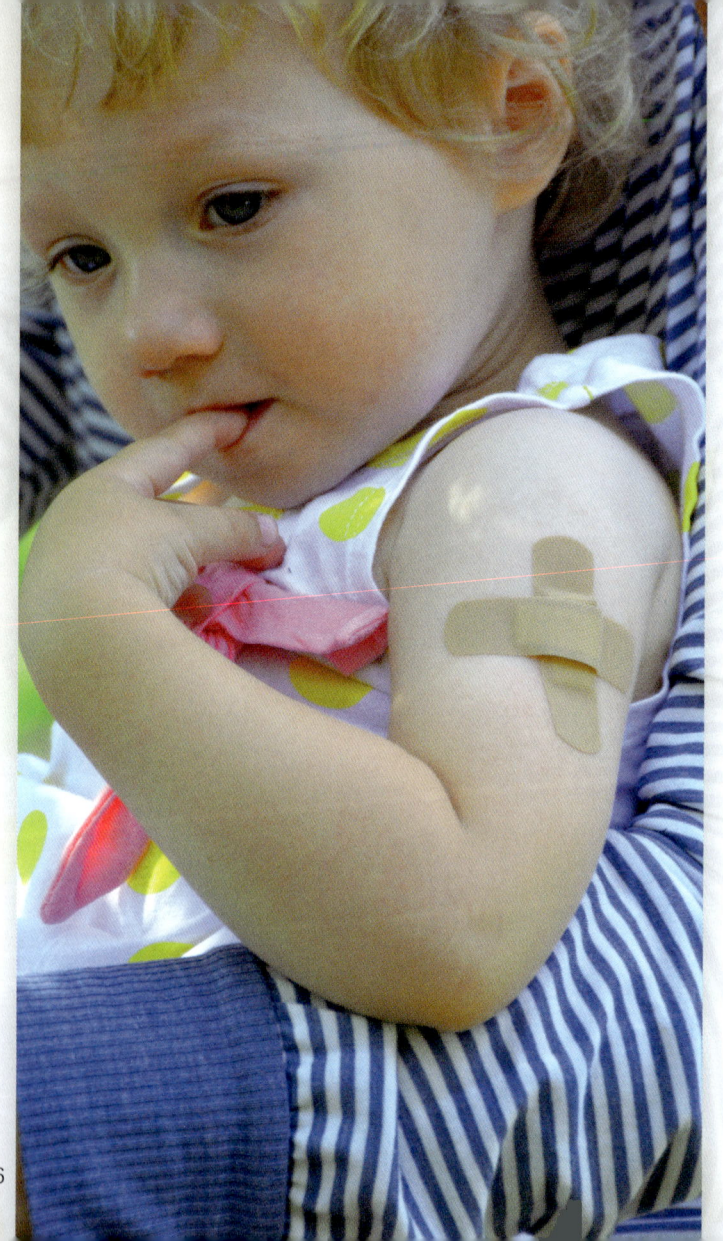

Das Pflaster

Unseren Apotheken fehlt es nicht an Pflastern. Auch die Supermärkte bieten sie in allen Variationen an, weil die Nachfrage groß ist. Wunden müssen verarztet werden. Das Pflaster deckt die Wunde zu, schützt sie und die Wunde bekommt die erste Hilfe. So kann sie heilen.

Für das Pflaster auf die Wunden der Seele gibt es noch keine Apotheke. Aber es gibt gute Worte und Gesten, die schon viele seelische Wunden geheilt haben. Sie wirken wie Pflaster. Wenn sie die Wunden berühren, geschehen manchmal Wunder. Für ihre Produktion sollte man Überstunden organisieren, damit sie in keinem Haushalt fehlen.

Die Stille

Es gibt Menschen, die in die Stille geschickt werden, und sie gehen daran zu Grunde. Sie können mit ihr nichts anfangen, und betrachten sie sogar als Strafe. Sie zerbrechen daran, wenn sie an den Punkt kommen, an dem nichts, absolut nichts geschieht. Sag solchen Menschen: „Gott spricht in der Stille.", dann lachen sie dich aus oder sie werden aggressiv!

Dann gibt es Menschen, die die Stille suchen, aber nicht, weil sie sie wirklich erfahren wollen, sondern weil sie gehört oder gelesen haben, dass wirklich große Menschen durch die Stille gegangen sind. Sie wollen sie kopieren. Aber wenn es wirklich still um sie wird, empfinden sie es als langweilig und sie halten sich nicht aus.

Und dann es gibt Menschen, die den Mut haben, in der Stille zu leben. Wenn es ruhig um sie wird, sehen sie die ganze Wahrheit und Schönheit über sich selbst wie in einem Spiegel. Sie laufen vor dem, was sie sehen, nicht weg, sondern nehmen es an. Sie gewinnen dadurch einen tiefen Zugang zu ihrer inneren Welt und lernen, auf das leise Flüstern Gottes zu hören. Ihnen brauchst du nicht zu sagen, dass Gott in der Stille spricht, denn sie erfahren es selbst.

Die kleinen Dinge

Es waren oft die kleinen Geschenke,
die meine Freundschaften am meisten vertieft haben.

Es waren oft die einfachen Menschen, die mich
Ehrfurcht und Respekt vor dem Leben gelehrt haben.

Es waren oft die banalen Sachen, die mir die Augen für
die unsichtbare Dimension des Lebens geöffnet haben.

Es waren oft die stillen Erinnerungen, die meine Sehnsucht nach der ersten Liebe wieder aufgefrischt haben.

Es waren oft die leisen Töne, die meine innere Unruhe
in Harmonie verwandelt haben.

Es waren oft nur kurze Worte, die eine Lawine von
großen und schönen Ideen in Bewegung gesetzt haben.

Es waren oft die kleinen Dinge, die in meinem Leben
die tiefsten und wichtigsten Spuren hinterlassen haben.

Ohne sie wäre ich heute nicht das, was ich bin.

Das Risiko

Als ich meine ersten Gehversuche gestartet habe, riskierte ich das Fallen auf den Boden und den Schrei danach. Und sie kamen auch. Aber dadurch habe ich das Laufen gelernt.

Als ich begonnen habe, Fahrrad zu fahren, riskierte ich den Sturz und die Verletzungen. Und sie kamen auch. Noch heute trage ich einige Narben davon. Aber dadurch habe ich die Landschaft der Welt auf eine besondere Weise entdeckt.

Als ich begonnen habe, mich bewusst dem Leben zu stellen, setzte ich mich dem Risiko aus, auch Niederlagen und Scheitern zu erleben. Und sie kamen ziemlich bald. Aber dadurch habe ich dem Geheimnis des Lebens tief in die Augen geschaut und die Liebe gesehen, die Liebe, die auch den Schmerz kennt.

Seitdem bin ich überzeugt: Wer bewusst leben will, muss bereit sein, das Risiko einzugehen, Niederlagen einzustecken und vor manchen Scherben des Lebens zu stehen. Ich könnte auch risikoarm leben, aber es wäre nicht mein Leben.

Die Kraft
der Intuition

Manchmal stehst du vor Wegen, die für dich fremd und undurchschaubar sind. Du spürst die Sehnsucht sie zu gehen, aber du zögerst auch, denn die endgültige Sicherheit heil anzukommen und das Ziel zu erreichen, kann dir niemand geben. Entdecke in dir die Kraft der Intuition und traue dich, auf ihre Sprache zu hören. Sie möchte dir eine gute Ratgeberin sein. Sie will dir leise aber deutlich zuflüstern, was du tun und was du lieber lassen sollst. Sie wartet nur darauf, dass du ihr „grünes Licht" gibst, dich zu führen und sie wird es tun.

Hab Mut, nicht alles in deinem Leben mit dem Kopf erklären zu müssen. Deine menschliche Vernunft und deine rationale Logik sind wichtig und wertvoll, aber sie kommen manchmal an einen Punkt, an dem sie kapitulieren müssen, denn in der Welt des Geistes kannst du nicht alles mathematisch vorausplanen. Es gibt noch andere Kräfte in dir, die dich führen können. Du weißt nicht, wie sie genau wirken, aber du spürst, dass sie wirken, und du fühlst dich von ihnen getragen und überrascht.

Vertraue der Sprache der Intuition und lass dir von ihr etwas sagen. Sie wird dich durch alle Dunkel- und Nebelzonen begleiten, denn sie will für dich immer nur das Beste. Mit ihr kommst du dort an, wohin Gott dich ruft.

Ich unterweise dich
und zeige dir den Weg,
den du gehen sollst.
Ich will dir raten,
über dir wacht
mein Auge.

Psalm 32,8

Zuhören

Wenn ich mit einer Frage zu dir komme, erwarte ich nicht, dass du mir gleich die Antwort gibst. Ich möchte nur, dass du mir zuhörst und mir das Gefühl gibst, dass du mich verstehst. Im Reden mit dir finde ich früher oder später eine Lösung, aber zuerst wünsche ich mir, dass du mir einfach nur zuhörst, unvoreingenommen zuhörst und mit dem Herzen dabei bist.

Wenn ich mit einer seelischen Wunde zu dir komme, möchte ich auch nicht, dass du den Doktor spielst, mit Rezepte verschreibst und sagst, wie meine Wunde heilen kann. Sie wird schon heilen, aber dafür brauche ich dich, dein einfühlsames und nicht wertendes Zuhören, damit ich von der Wunde erzählen kann. Wenn du mir zuhörst und das Gefühl gibst, dass du dich vor meiner Wunde nicht ekelst, dann wird sie schon in deiner Gegenwart zu heilen beginnen.

Menschen, die mit dem Herzen zuhören können, werden gesucht. Sie bewirken manchmal mehr als alle Medikamente in einer Hausapotheke.

Der Geist
bleibt lebendig

Es gibt Menschen, die nach außen schlicht und einfach wirken. Man merkt ihnen im ersten Augenblick nicht an, dass sie etwas Besonderes sind. Sie fallen äußerlich durch nichts auf, weil sie so gewöhnlich, so durchschnittlich sind.

Aber wenn du ihnen wirklich begegnest, wenn du ihnen zuhörst, wie sie mit Liebe über Gott und die Welt sprechen, dann wirst du von ihnen begeistert und fasziniert sein. Dann spürst du ihre menschliche Größe und ihre tiefe Gottverbundenheit. Du spürst, wofür ihr Herz schlägt und wofür sie bereit sind zu leben, zu kämpfen und zu sterben. Dadurch strahlen sie eine Glaubwürdigkeit aus, die ansteckt. Manchmal reicht schon eine einzige Begegnung mit ihnen, und du wirst sie dein Leben lang nie vergessen.

Oft stehen sie aber mit ihren Überzeugungen in der Landschaft des Lebens allein. Sie haben das Gefühl, dass sie niemand versteht, doch sind sie ungebrochen und erinnern mit ihrer Art zu leben weiter daran, dass das Leben aus dem Geist schönere Früchte bringt als das Leben nach den Gesetzen der Materie. Materie stirbt. Der Geist bleibt lebendig.

Das Kind in dir

Wenn du innerlich ruhig bist und den Mut hast, auf die Sprache der Gefühle zu hören, wirst du das innere Kind in dir entdecken. Es lebt in dir, seitdem du dich erinnern kannst, und es ist und bleibt ein Teil von dir.

Es geht mit dir, wohin du auch gehst, und es bleibt bei dir, wo du gerade bist. Lass es reden, wenn es reden will, denn es hat dir viel zu sagen. Sprich mit ihm und ignoriere nicht, was es sagt. Seine Besonderheit ist, dass es nicht lügt, sondern immer die Wahrheit über dich sagt.

Wenn du gut mit deinem inneren Kind umgehst und es mit Liebe behandelst, kann es dir zu einem guten Berater werden, der dich aufmerksam macht auf Dinge, auf die du selbst nie gekommen wärst.

Nimm das Kind in dir in deine Arme und sei gut zu ihm. Gib ihm Heimat bei dir und lass es so sein, wie es ist. Ihr werdet dann Freunde für das ganze Leben. Eine solche Freundschaft kann dein Herz formen und dich fähig machen, auch andere Herzen zu prägen.

Der Brunnen

Weißt du den Weg zu einem Brunnen, wo gute Worte noch etwas gelten und du dich auf sie verlassen kannst? Ein solcher Brunnen ist lebenswichtig in einer Welt, die unter der Inflation der Worte leidet und in der sogar „heilige Versprechen" nur einen kurzen Augenblick zählen.

Weißt du den Weg zu einem Brunnen, wo heilige Orte noch heilig sind und sie die Größe und die Majestät Gottes ausstrahlen? Wer sie aufsucht und in ihnen verweilt, dessen Seele wird von der Geborgenheit Gottes berührt und der Geist Gottes betet in seinem Herzen.

Weißt du den Weg zu einem Brunnen, wo du dich mit allen deinen Schwächen fallen lassen kannst, ohne Angst zu haben, dich für alles immer rechtfertigen zu müssen? Jeder Mensch muss auch allein mit sich selbst sein können, um aufzutanken und zu seiner Mitte zu finden. Dann wird er wieder fähig, zu geben, was er hat.

Betrete nie die Wüste des Alltags, wenn du nicht weißt, wo du in Not den nächsten Brunnen findest. Schon viele sind in ihr verdurstet, weil sie keinen Brunnen gefunden haben. Weißt du, wo ein Brunnen in deiner Nähe ist?

Damit ich beten kann

Damit ich beten kann, muss ich nicht zuerst auf gute Laune warten. Ich kaufe das Brot auch nicht erst dann, wenn ich Lust darauf habe. Sonst würde ich verhungern.

Damit ich beten kann, muss ich nicht alle Geheimnisse Gottes verstehen. Ich verstehe auch nicht, wie das Telefon funktioniert und trotzdem benutze ich es jeden Tag.

Wenn ich beten will, muss ich nicht viele Worte machen. Bei Menschen, die mich lieben, darf ich auch schweigen und sie wissen, was ich sagen will.

Wenn ich beten will, muss ich mich nicht vorher anmelden. Meine Freunde sind immer für mich da und ich bin bei ihnen jederzeit willkommen.

Wenn ich beten will, muss ich nicht immer ein lächelndes Gesicht dabei zeigen. Mit meinen Eltern darf ich reden, auch wenn ich knatschig bin.

Darum bete ich so, wie ich bin.
Gott versteht mich immer.

Ein Geheimnis
neben dir

Du bist ein Geheimnis, ein kostbares Geheimnis von großer Anziehungskraft und unerforschlicher Tiefe.

Manchmal erinnerst du mich an ein Gefäß, das aus unendlich vielen kleineren und größeren Gefäßen besteht. Die einen sind bereits geöffnet, die anderen sind verschlossen, und sie bleiben auch verschlossen, denn Geheimnisse müssen Geheimnisse bleiben. Jedes von diesen kleinen Gefäßen birgt etwas Einmaliges und Wertvolles von dir, das nur du hast und das dich kennzeichnet. Die einen stehen für eine bestimmte Eigenschaft von dir, für einen bestimmten Charakterzug, die anderen für deine Talente, wieder andere für Wunden und Verletzungen, die ebenfalls zu dir gehören.

Leid wie Freude, Glück wie Pech haben dort ihren festen Platz. Auch Namen von Menschen, die deine Biografie mitgeprägt haben, fehlen dort nicht. Alle diese kleinen Gefäße erzählen von dir, von dem großen und unerforschlichen Geheimnis, das du bist. Je mehr du dieses Geheimnis begreifen willst, umso unbegreiflicher wird es, und das Staunen darüber nimmt kein Ende.

Du bist ein Geheimnis ...
... und ich bin ein Geheimnis neben dir.

Gesicht oder Maske?

Als ich ein Kind war, liebte ich die Schule. Sie hatte das Gesicht meiner Lehrerin, die ich mochte. Und weil ich sie mochte, liebte ich auch die Schule.

Ich liebte auch die Kirche. Sie hatte das Gesicht meiner Katechetin, die eine glaubwürdige Nonne war. In ihrem freundlichen Gesicht sah ich das menschliche Antlitz der Kirche, die mir schon damals imponiert hat.

Einmal lernte ich den Leiter der Feuerwehr kennen. Ich habe ihn bewundert. Sein freundliches Gesicht stand für mich für die Feuerwehrmannschaft. Und wenn ich an die Feuerwehr dachte, hatte ich immer sein freundliches Lächeln vor mir.

Institutionen brauchen ein Gesicht, und Menschen können ihnen dieses Gesicht geben. So wie sie dabei ihr Gesicht zeigen, werden Institutionen geliebt oder gehasst, verehrt oder gemieden.

Es werden dringend Gesichter gesucht, die für etwas stehen oder etwas vertreten. Masken haben wir genug! Ein Gesicht zu haben ist aber nicht einfach. Es zu zeigen, erst recht nicht.

Beim Blick in den Spiegel höre ich eine leise Frage: „Wofür steht dein Gesicht?"

Der „Pilotenschein"

Ich kann mich an keinen Nebel in meinem Leben erinnern, der für mich schön und angenehm war. Nicht ein einziger. Ich kann von keinem sagen, dass ich mich darüber gefreut hätte. Nicht über einen einzigen! Und ich werde bestimmt niemals auf die Idee kommen ihn herbeizurufen oder dafür zu beten. Er ist immer ekelig. Man hofft jedes Mal, dass er sich schnell im Licht auflöst und nie wiederkommt.

Aber ich werde auch niemals sagen, dass die Nebelzonen mein Leben zerstört oder es ärmer gemacht haben. Und niemals werde ich behaupten, dass sie eine verlorene Zeit in meinem Leben waren. Im Gegenteil. Jedes Mal bin ich dadurch etwas weiter in das Leben gekommen.

Ich musste lernen, blind wie ein Pilot in den Wolken zu fliegen, im Vertrauen auf Gott, dass es danach eine gute Landung gibt, und so war es auch. Dadurch habe ich bei Gott den „Pilotenschein" gemacht und die Prüfung bestanden. Ich habe ihn noch immer und würde ihn nie abgeben wollen. Er erinnert mich daran, mich blind in allen Nebelzonen zu bewegen im Vertrauen darauf, „dass Gott bei denen, die ihn lieben, alles zum Guten führt ..." (Römer 8,28).

Ich vergesse,
was hinter mir liegt,
und strecke mich
nach dem aus,
was vor mir ist.

Philipper 3,13

Die Scheiben einer Laterne

Als ich Kind war, sagte mir jemand, dass der Mensch durch Wunden und Verletzungen seelisch ärmer würde und sie könnten sogar sein Leben zerstören. Ich bekam damals Angst und nahm mir vor, mich nicht verletzen zu lassen. Aber es war naiv, so zu denken.

Seitdem mache ich eine seltsame Erfahrung. Ich erkannte, dass nicht alle Verletzungen mich ärmer machen müssen. Es gibt Wunden, die den Menschen für Geheimnisse des Lebens besonders öffnen können. Sie machen ihn menschlicher und feinfühliger und der Blick auf den Menschen neben ihm wird reiner und tiefer. Er selbst wird dadurch für andere zu einer leuchtenden Laterne, deren Licht heller wird, weil seine Wunden die Schutzscheiben seines Herzens gereinigt haben, so gereinigt, dass sein Herz dadurch klarer und kräftiger leuchtet.

Die erlebten Wunden gehören zur Schule der Herzensbildung. Die leuchtenden Laternen mit ihren hellen und gereinigten Scheiben erinnern mich daran.

Die längste Reise

Mir erzählte jemand von einer ungewöhnlichen Reise, die so schön und interessant ist, dass man sie niemals beenden möchte, wenn man einmal unterwegs ist. Es ist die Reise nach innen.

Ich ließ mich dafür begeistern und seitdem bin ich unterwegs. Gleich am Anfang habe ich bereut, dass ich sie angetreten habe, weil sie mich an Orte führte, die mir unangenehm waren. Ich musste mir meine Gefühle anschauen und sehen, dass einige Hunger haben. Ich musste in den Spiegel schauen, der mir kompromisslos alle meine Flecken widerspiegelte. Mir wurde der Teppich gezeigt, unter den ich manchen Schmutz gekehrt hatte, und ich wurde in den Keller geführt, in dem ich manche Leiche versteckt hatte. Aber immer, wenn ich die Reise nach innen abbrechen wollte, spürte ich, dass ich mehr sehe, mehr höre und mehr spüre als je zuvor. Ich entdeckte in mir neue Quellen, die mir verborgen waren, und Schätze, von denen ich nicht einmal geträumt hatte.

Keine von den Reisen, die ich in meinem Leben gemacht habe, war so intensiv wie die Reise nach innen. Und keine von ihnen hat mich so verändert wie sie. Sie ist die schönste und die längste, und ich habe noch einen Weg vor mir ....

Die Freundschaft

Gute Freunde erkennst du nicht nur daran, dass sie dir in der Not helfen. Sie hören dir auch zu, wenn du ihnen erzählst, wie es zu dieser Not gekommen ist.

Gute Freunde erwarten von dir nicht ein stets lächelndes Gesicht. Sie geben dir einen Raum, in dem du dich entspannen und wieder lächeln kannst.

Bei guten Freunden hast du niemals den Eindruck, lästig zu sein. Sie schauen dich mit dem Herzen an und spüren sofort, was dir am Herzen liegt.

Gute Freunde lachen dich nicht aus, wenn du Pleiten, Pech und Pannen erlebst. Aber sie lachen mit dir mit, wenn du selber darüber lachen kannst.

Gute Freude überfordern dich nie. Sie wissen, wie weit man in der Freundschaft gehen kann. Sie berühren dich so, dass du auf ihre Freundschaft mit deiner Freundschaft antworten willst.

Das Gottesbild

Es gibt Menschen, die behaupten mit Gott verbunden zu leben, aber sie würden im Gebet niemals über die Lippen bringen: „Herr, mach mit mir, was du willst, denn ich gehöre dir." Sie haben nämlich Angst, dass dann etwas Schweres passiert und sie damit nicht fertig werden. Aber damit verraten sie, dass Gott für sie einer ist, der den Menschen weh tun möchte.

Und dann gibt es nicht wenige, die glauben, dass Gott für den Menschen nur das Beste will wie ein guter Vater für seine Kinder. Und sie beten mit Freude: „Herr, mach mit mir, was du willst, denn ich gehöre dir." Sie spüren dann, wie Gott ihr Leben formt und ihr Herz verwandelt. Sie merken, dass sie in den Händen Gottes zu Werkzeugen seiner Liebe werden.

Zu welchen Menschen gehörst du?

Von Gott erzählen

Ich will von dir nicht hören, dass du an Gott glaubst.
Ich will spüren, dass du von seinem Feuer ergriffen bist.
Vom Feuer Gottes ergriffene Menschen strahlen
Frieden und Herzlichkeit aus, die anderen Halt
und Heimat schenken.

Ich will von dir nicht wissen, was du über Gott in der
Bibel gelesen hast. Ich will spüren, ob du von seinem
Wort berührt bist, so berührt, dass du damit die Herzen
anderer berührst.

Ich will von dir nicht hören, dass Gott Mensch
geworden ist. Ich will spüren, dass du selbst ein
Mensch bist und den Menschen mit menschlichen
Qualitäten begegnest.

Mich interessiert nicht, was du in deinem Leben über
Gott gelernt hast. Ich will wissen, wofür du bereit bist zu
leben und zu sterben. Von Gott erfüllte Menschen leben
aus der Hingabe für andere und hinterlassen einen
ganz besonderen Geschmack vom Leben und Sterben.

Rede mit mir nicht über Gott.
Lebe so, dass er transparent wird in dir.
Damit erzählst du mir am meisten von ihm.

Das Beste

Als mit meiner Geburt die Reise meines Lebens begann, wünschten mir viele nur das Beste. Alle Wege meines Lebens sollten immer breit sein, hell, sonnig und gerade, damit ich schnell meine Ziele erreichen. Und niemals sollte ich im Leben über etwas stolpern oder fallen, um mir nicht weh zu tun. Sie meinten, dies sei für mich das Beste.

Auch in der Mitte meines Lebens wünschen mir viele nur das Beste. Aber wenn ich zurückschaue, stelle ich fest, dass ich bis jetzt das wirklich Beste nicht immer auf hellen, schnellen und geraden Wegen erfahren haben, sondern auf Umwegen und in manchen Sackgassen. Durch sie lernte ich meine Grenzen kennen und wenn ich gestolpert bin oder und verwundet wurde, erfuhr ich die heilende Gegenwart Gottes. Es waren Etappen, die mich das Leben gelehrt und mich auf Herausforderungen vorbereitet haben.

Ich wünsche mir weiter nur das Beste im Leben, aber ich bin mir auch bewusst, dass ich die schönsten Blumen nicht auf schnellsten und breitesten Autobahnen zu sehen bekomme, sondern auf Umwegen, auf Straßen ohne Namen. Sie sind für das Leben oft das Beste!

Die gute Ernte

Ich habe Menschen auf dem Acker gesehen. Sie haben hart gearbeitet in der Hoffnung: „Wer viel sät, wird auch viel ernten" (2. Korinther 9,6). Und so kam es auch – ihre Ernte wurde groß.

Ich bin Menschen begegnet, die ihr Bestes tun und viel Gutes in das Leben investieren. Sie glauben daran, dass ihre Bemühung nicht umsonst ist und werden eines Tages eine gute Ernte sehen. Wenn sie nicht sicher sind, ob sie alles richtig gemacht haben, leben sie aus der Hoffnung: „Wir wissen, dass Gott bei denen, die ihn lieben, alles zum Guten führt ..." (Römer 8,28). Ihre Hoffnung wird eine gute Ernte bringen.

Ich bin oft verwundeten, vom Leben verletzten Menschen begegnet, die vor den Scherben ihres Lebens standen und keine gute Ernte in ihrem Leben sahen. Sie leben im Vertrauen: „Die mit Tränen säen, werden mit Jubel ernten" (Psalm 126,5).

Ihr Gottvertrauen wird eines Tages in Erfüllung gehen und sie werden eine gute Ernte erleben.

Der Besuch

Als Kind hatte ich eine Tante, die nie mit leeren Händen zu Besuch kam. Sie brachte immer ein Geschenk mit, auch wenn es nur ein Bonbon oder ein Keks war. Seitdem verbinde ich einen Besuch mit einem Geschenk.

Später las ich ein Wort in der Bibel, das mich tief ins Herz getroffen hat: „Gott hat sein Volk besucht ...“ (Lukas 1,68). Das empfand ich als eine Sensation, die meine Gottesbeziehung beflügelt hat. Das „Volk“ hat von Gott Besuch bekommen und Gott kam nicht mit leeren Händen zu seinem Volk, sondern er hat „... ihm Erlösung geschaffen“ (Lukas 1,68).

Dann las ich in der Bibel: „Siehe, ich stehe vor der Tür und klopfe an. Wenn einer meine Stimme hört und die Tür öffnet, bei dem werde ich eintreten ...“ (Offenbarung 3,20). Es traf mich mitten ins Herz: Gott kennt mich und weil er mich kennt, will er mich besuchen. Ich zögerte nicht und sagte: „Herzlich willkommen!“, und machte eine Erfahrung, mit der ich gerechnet hatte: Er kam nicht mit leeren Händen, sondern brachte sein Geschenk mit und sagte: „Shalom!“ „Der Friede sei mit euch“ (Johannes 20,19). Mit diesem Geschenk lebe ich nun seit langem und ich glaube, dass es nicht der letzte Besuch war.

Preist den Herrn,
all ihr Winde;
lobt und rühmt ihn
in Ewigkeit!

Daniel 3,65

Gebet
um das
„hörende Herz"

Als der junge König Salomo Gott gebeten hat: „Gib mir ein hörendes Herz", hat ihm Gott nicht alles Wissen in sein Herz eingegossen, sondern ihm ein Herz gegeben, dass das Gute vom Bösen zu unterscheiden verstand (1. Könige 3,9). Seitdem hat der König durch seine Entscheidungen die Weisheit Gottes offenbart, denn die Menschen spürten, dass hinter Salomos Weisheit Gott stand.

Weil der Gott des weisen Königs Salomo auch mein Gott ist, traue ich mich zu beten:

Herr,
schenke auch mir ein hörendes Herz. Schenke mir ein Herz, das bereit ist, den Sinn vom Unsinn zu unterscheiden und meine Laune nicht zu einer Vision zu erklären. Schenke mir ein hörendes Herz, damit ich die eigene Einbildung nicht mit dem Heiligen Geist verwechsle und nicht zum Opfer meiner Illusionen werde.

Herr,
ich bitte dich nicht um das große Wissen der Bibliotheken. Das allein kann mich nicht glücklich machen. Ich bitte dich nur um ein hörendes Herz, denn ich weiß, damit komme ich im Leben weit, sehr weit!
Amen

Das Leben gewinnen

Einmal habe ich gegen einen Kreismeister eine Schachpartie gewonnen. Die Freude darüber war nicht zu beschreiben. Man hat mir gratuliert, sich mit mir gefreut und mich bewundert, wie gut ich das gemacht habe.

Aber keiner von diesen Menschen weiß, wie viele Spiele ich für diesen Sieg verlieren musste. Und niemand kann zählen, wie oft ich geschlagen worden bin und den letzten Platz einnehmen musste. Aber es war notwendig und wichtig, denn mit jeder Niederlage erhielt ich wichtige Einsichten, wie ich mich auf dem Schachbrett bewegen soll, um einmal zu den Gewinnern zu gehören.

Die wichtigsten Siege im Leben sind oft hart erarbeitet und der Weg dahin ist mit vielen Niederlagen gepflastert. Aber ohne sie kann niemand auf dem Siegertreppchen stehen.

Seitdem verstehe ich noch tiefer, was es heißt: „Wer das Leben gewinnen will, muss es verlieren" (Lukas 17,33).

Zeugen werden gesucht

Mir imponiert nicht, wenn du Stellen aus der Bibel zitieren kannst. Mich begeistert mehr, wenn ich spüre, dass du daran glaubst.

Mir imponiert nicht, wenn du mir die theologische Literatur in deinen Bücherregalen präsentierst. Ich möchte wissen, welchen Einfluss diese Bücher auf deinen Alltag haben.

Mir imponiert nicht, wenn du Lieder zu biblischen Texten komponiert hast. Ich möchte die Melodie von der Gegenwart Gottes in deinem Herzen hören.

Mir imponiert nicht, wenn du laut und geschickt von der Treue und Barmherzigkeit Gottes predigst. Ich will sehen, wie dich selbst die Treue und die Barmherzigkeit Gottes ergriffen haben.

Das Christentum lebt nicht allein von der Nachricht, dass das „Wort Fleisch geworden ist" (Johannes 1,14), sondern von Zeugen, die glaubwürdig leben, wie diese Botschaft ihr Leben verwandelt hat.

Zeugen des Glaubens werden gesucht. Sie schaffen es zu überzeugen, dass Gott gegenwärtig ist in unserer Mitte.

Inspiration

Nicht viele Menschen sind sich bewusst, was mit ihnen und durch sie geschehen könnte, wenn sie der Inspiration, der Einflüsterung des Geistes Gottes folgen würden.

Sie kann ein Wort im Herzen eines Menschen so in Bewegung bringen, dass er ein Buch darüber schreiben könnte, wer weiß, vielleicht wäre es sogar reif für den Literaturnobelpreis.

Sie kann den Künstler so ergreifen, dass er aus dem, was er für einige Augenblicke gesehen hat, ein Kunstwerk vollbringen kann, das einen bedeutenden Platz in einem Museum findet.

Sie kann den Musiker mit ein paar Klängen so berühren, dass er nicht ruhig wird, bis er daraus ein Lied, oder gar eine Symphonie komponiert hat.

Sie kann den technisch begabten Menschen so packen, dass er nicht aufhört, an seiner Erfindung zu arbeiten, bis er ein Patent angemeldet hat.

Lass dich von der Inspiration, von den leisen Einflüsterungen des Geistes berühren und ergreifen. Das zieht Kreise und inspiriert andere.

Die Anziehungs-kraft

Es gibt Menschen, die eine faszinierende Anziehungskraft haben. Sie strahlen Vertrauen und Glaubwürdigkeit
aus, und es tut gut, in ihrer Nähe zu verweilen.

Wo sie sich aufhalten, kommt bald jemand dazu
und sucht den Kontakt.

Wo sie sind, finden sie schnell Freunde.
Wenn sie lachen, stecken sie damit andere an.

Wo sie reden, finden sich gleich treue Zuhörer,
denn sie fühlen sich von ihren Worten berührt.

Wo sie arbeiten, finden sie schnell das Vertrauen
der anderen, und sie werden zu vertrauenswürdigen
Arbeitskollegen.

Wo sie leben und wohnen, werden sie zu Menschen
des Vertrauens. Wenn sie etwas verkünden, wird ihnen
geglaubt.

Das Geheimnis ihrer Anziehung ist ihre menschliche
Wärme, ihr aufrichtiges und transparentes Herz, das
gradlinig und ohne Falschheit ist. Das schafft Vertrauen.
Menschliche Wärme zieht an und gibt den Suchenden
Schutz und Heimat.

Ich staune

Als ich ein Kind war, schaute ich gerne in brennende Kerzen. Es war faszinierend. Ich starrte sie wortlos an und fühlte mich von ihrem Licht angezogen. Ich staunte.

Irgendwann hörte ich, wie jemand wunderbar Akkordeon spielte. Ich saß vor dem Spieler auf dem Boden und war so von der Schönheit der Harmonie berührt, dass ich alles andere vergaß. Ich staunte.

Als ich Jugendlicher war, stand ich zum ersten Mal in meinem Leben auf der Spitze eines hohen Berges und schaute von dort auf die Landschaft herab. Ich konnte vor Ergriffenheit nichts sagen. Jedes Wort wäre in diesem Augenblick überflüssig gewesen. So schwieg ich und staunte.

Vor Kurzem sagte ein kleines Kind mit Behinderung zu mir: „Gott kennt dich!" In diesem Augenblick rührte sich etwas Freudiges in mir. Es hat mich so tief ins Herz getroffen, als ob Gott zu mir gesprochen hätte. Ich dachte an das Wort aus der Bibel, das sich in diesem Augenblick verwirklicht hat: „Ich preise dich, Vater, Herr des Himmels und der Erde, weil du das vor den Weisen und Klugen verborgen und es den Unmündigen offenbart hast" (Matthäus 11,25). Ich kann mir selbst nicht erklären, warum ich darüber staune, aber ich staune.

Der Dorn

Wenn dich ein Dorn im Herzen drückt, bekommen die Tränen grünes Licht. Sie kommen und kommen und hören nicht auf zu fließen. Sie fließen leise und nach innen, weil sie nicht gesehen werden möchten.

Wenn dich ein Dorn drückt, wird auch die Welt der Erinnerungen wach. Der Schmerz von gestern steht heute vor dir wie ein schlechter Video-Film und erinnert dich nicht nur an die Wunden, sondern auch an ihre Geschichten. Er läuft und läuft und du weiß nicht, wie du ihn ausschalten kannst.

Wenn dich der Dorn drückt, sehnst du dich nach einem Menschen, dem du deinen Dorn zeigen und anvertrauen kannst. Dadurch wird er nicht aus deinem Herzen gezogen, aber er wird etwas erträglicher und du kannst besser damit umgehen.

Einmal sagte jemand: „Dornen können auch Rosen tragen." Ich glaubte zuerst nicht daran, aber inzwischen habe ich ein paar Rosen gepflückt, die aus manchem Dorn gewachsen sind. Schau dir deine seelischen Dornen an und du wirst bestimmt ein paar blühende Rosen daran erkennen. Mit der Zeit werden es mehr. Eines Tages wirst du einen Blumenstrauß daraus machen.

Die mit Tränen säen,
werden mit Jubel ernten.
Psalm 126,5

Die Leuchttürme

Es gibt Menschen des Wortes, die die Leser mit ihren Gedanken geistig erschlagen, tyrannisieren und ideologisch vergiften. Das sind verbale Sadisten. Und es gibt Menschen des Wortes, die mit ihren Gedanken die Leser so berühren, dass sie sie aus ihrer Trauer und Bedrängnis befreien. Das sind die besten Mediziner.

Es gibt Künstler, die mit ihren Werken ihre eigene spirituelle Leere auf andere übertragen und ihnen nichts anderes anzubieten haben als ein leeres, dunkles Nichts. Das sind spirituelle Chaoten. Und es gibt Künstler, die mit ihren Werken die Seelen anderer so zart und zärtlich berühren, dass sie zum Leben erwachen. Das sind die besten Therapeuten.

Es gibt Theologen, die mit der Auslegung der Bibel die Menschen verängstigen, sie an sich binden und ihnen mit der Hölle drohen. Das sind die Scharlatane. Und es gibt Theologen, die mit der gleichen Bibel anderen den Weg zu Gott zeigen und sie in die Tiefe und die Schönheit der Gegenwart Gottes begleiten. Das sind die Mystiker.

Die Welt braucht Menschen, die es vermögen, andere so zu begleiten, dass sie das Leben gewinnen. Sie sind wie Leuchttürme.

Das unbekannte Land

Mit meiner Geburt betrat ich das unbekannte Land des Lebens und es begann eine Reise, die bis heute dauert. Je mehr ich mich traue, dieses Land zu entdecken, umso größer und unbegreiflicher wird mir seine Landschaft. Es ist mir noch immer vieles unbekannt, aber ich bedaure keine Stunde, die ich dafür investierte, um das Schönste im Leben zu entdecken: Ich habe die Liebe gesehen.

Seit ich das erste Mal bewusst gebetet habe, spürte ich, dass Gott mich in das unbekannte Land des Glaubens mitnimmt. Je weiter ich mich hinein wage, um so größer und geheimnisvoller wird mir dieses Land. Es ist mir immer noch unbekannt, aber ich bereue es nicht, mich darin zu bewegen. Auch wenn ich im Land des Glaubens nicht alles verstehen und begreifen kann, habe ich die Gegenwart Gottes erfahren und diese Erfahrung wird mir niemand nehmen können.

Die Reise in das unbekannte Land des Lebens und in das unbekannte Land des Glaubens ist noch nicht beendet. Sie bereitet mich auf etwas Größeres vor: auf das unbekannte Land des ewigen Lebens.

Die Lieblingsbücher

Ich bin Menschen begegnet, die zuerst einen positiven Eindruck auf mich gemacht haben. Aber dann merkte ich, dass sie hinter einer Fassade leben. In Wirklichkeit sind sie leer und auf Äußeres bedacht. Sie erinnern mich an Bücher, deren Umschlag sich flott und auffällig präsentiert, deren Inhalt aber leer und langweilig ist.

Ich bin Menschen begegnet, die sich nach außen nicht besonders geschickt präsentiert haben, aber in der Begegnung mit ihnen spürte ich ihre Herzlichkeit, die Wärme ihrer menschlichen Ausstrahlung und ihren tiefen Frieden, der sich auf mich übertragen hat. Sie erinnern mich an Bücher, deren Umschlag unauffällig und nichts sagend ist, deren Inhalt sie aber für den Literaturnobelpreis qualifiziert.

Menschen in meinem Leben sind wie Bücher in meiner Bibliothek. Bücher, die mich wirklich begleiten und formen, sind nicht die mit dem schönsten Umschlag, sondern meistens die schlichten und unauffälligen, die mir die Augen für die Geheimnisse des Lebens öffnen und mir darin meinen Platz zeigen. Sie sind und bleiben in der Bibliothek meines Lebens die Lieblingsbücher. Sie erinnern mich daran, dass auch ich für andere ein Lieblingsbuch sein kann.

Das Kreuz

Frag zehn Menschen, welche Wege sie im Leben lieber gehen würden: Wege, zu denen Kreuze gehören dürfen, oder lieber Wege ohne Kreuze? Und sie werden dir bestimmt antworten: „Ohne Kreuz!"

Aber frag diese zehn Menschen, ob sie im Leben Wege gehen möchten, auf denen sie menschlich und spirituell wachsen können, und sie werden dir antworten: „Selbstverständlich ja!"

Frag dann zehn Menschen, die zu echten menschlichen und spirituellen Autoritäten geworden sind, was sie so menschlich und spirituell reif gemacht hat, dann werden sie dir antworten: „Die Kreuze auf meinem Lebensweg."

Wir ahnen oft nicht, wie die Begegnung mit dem, das wir „Kreuz" nennen, uns reifer, menschlicher und weiser machen kann. Die Welt braucht menschliche und spirituelle Autoritäten, die in der Begegnung mit dem Kreuz ihr Herz geformt, gebildet und gestaltet haben. Sie strahlen Halt und Hoffnung aus! Und sie haben der Welt viel zu sagen.

Die Brücke

Meinst du, dass die Israeliten sich erklären konnten, wie sie das Rote Meer trockenen Fußes durchqueren konnten? Gott selbst hat dieses Wunder bewirkt, aber frag ihn nicht wie! Er wird es dir nicht sagen. Es ist sein Geheimnis!

Meinst du, dass die hungrigen 5000 Männer wussten, wie sie alle von fünf Broten und zwei Fischen satt werden und noch Reste bleiben konnten? Gott selbst hat die Brotvermehrung vollzogen, aber frag ihn nicht wie! Er wird es dir nicht sagen. Es ist sein Geheimnis!

Oder meinst du, dass die Frauen am Grab verstanden, wie das Grab Jesu trotz strenger Bewachung leer sein und Christus ihnen als der Auferstandene begegnen konnte? Gott selbst hat den Tod entmachtet und das Leben neu geschaffen. Aber frag ihn nicht wie! Er wird es dir nicht sagen. Es ist sein Geheimnis!

Wenn du einmal den Eindruck hast, dass du wie vor einem Abgrund stehst und keine Brücke auszumachen ist, dann wird Gott bestimmt noch einen Weg für dich finden. Vertraue auf ihn, er wird es tun, aber frag ihn nicht wie! Er wird es dir nicht sagen. Es ist sein Geheimnis!

Die Hoffnung

Wenn der Baum im Herbst sein letztes Blatt verliert, wird es still und leise in ihm. Er hört das Rauschen seiner raschelnden Blätter nicht mehr und fühlt sich arm, einsam und entblößt. Alles ist verweht. Er lebt aber aus der Hoffnung, dass der Frühling wiederkommen wird und er dann seine grüne Blätterpracht wieder bekommt.

Manchmal hast auch du den Eindruck, dass du vieles verlierst, was dir lieb und vertraut ist. Gute Freunde ziehen sich von dir zurück, vertraute Räume verlierst du von heute auf morgen, und die Freude am Glauben ist wie gestorben. Es wird still in dir, beängstigend still, denn du fühlst dich einsam, arm und leer. Du fühlst dich wie der Baum, dem der Wind im Herbst sein letztes Blatt weggerissen hat und du machst einen seelischen Winter durch.

Die Hoffnung auf einen neuen Frühling darf dich in deinen Wintergefühlen nicht verlassen.

Die Bäume vor deinem Haus haben eine klare Botschaft: Nach jedem Herbst kommt wieder der Frühling.

Verblüffende Entdeckungen

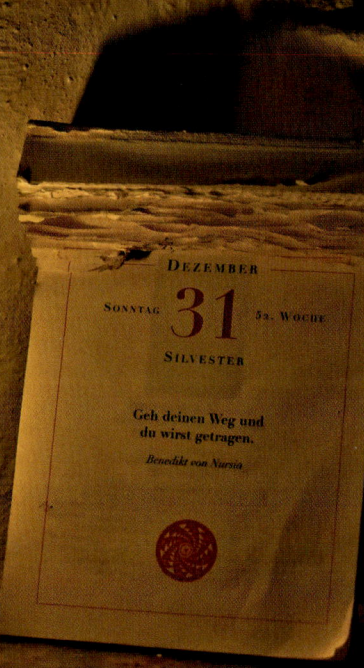

DEZEMBER

SONNTAG **31** 52. WOCHE

SILVESTER

Geh deinen Weg und
du wirst getragen.

Benedikt von Nursia

Wenn du einmal an das Ende einer langen Etappe kommst und dich unvoreingenommen fragst, was du wirklich gesehen, gehört und erlebt hast, wirst du wahrscheinlich verblüffende Entdeckungen machen.

Die wichtigsten Stunden waren nicht die, die dir finanzielle Gewinne beschert haben, sondern solche, in denen du Entscheidungen getroffen hast, die dich bis heute glücklich machen.

Die wichtigsten Momente waren nicht die ereignisreichen Situationen, sondern die stillen, die dir geholfen haben auf das Flüstern Gottes zu hören.

Die wichtigsten Hindernisse waren nicht die, über die du gestolpert, vielleicht auch gefallen bist, sondern solche, die dich gelehrt haben, nach jeder Niederlage aufzustehen.

Die wichtigsten Wunden waren nicht die, die dir am meisten weh getan haben, sondern solche, durch die dein Blick auf das Leben reifer geworden ist.

Die wichtigsten Menschen waren nicht solche, die Macht hatten, dein Leben zu beeinflussen, sondern solche, die dir ihr Herz gezeigt haben und dein Herz sehen wollten.

Pater Andreas Pohl SCJ

1958 Geburt in Dobrodzien / Guttentag (Oberschlesien)

1977 Eintritt in die Ordensgemeinschaft der Herz-Jesu Priester, Studium der katholischen Theologie in Freiburg/Brsg.

1986 Priesterweihe in Freiburg/Brsg.

Danach Gemeindeseelsorger, Gesprächs-seelsorge, geistliche Begleitung, Exerzitien Begleitung, Seelsorger in einer Einrichtung für Menschen mit Behinderung, Wallfahrtsseelsorger.

Drei-Minuten-Impulse und Gebete für's Leben

Pater Andreas Pohl SCJ
KLEINE AUGENBLICKE FÜR DICH
Sehen - wahrnehmen - entdecken.
Gott spricht zu uns in Bildern des Alltags, in
Bildern der Natur, in Bildern der Kunst.
In allem, was das Auge sieht, können Weis-
heiten verborgen sein, die unseren Alltag
entscheidend beeinflussen.
Die Meditationen wollen eine Inspiration sein,
in den gewöhnlichen und einfachen Bildern
des Alltags mehr zu sehen als das, was sie
auf den ersten Blick zeigen und die spirituelle
Dimension darin zu entdecken.
128 Seiten, gebunden, 12 x 17 cm.
RKW 5169 • ISBN 978-3-86338-169-1

Unsere Verlagsproduktion umfasst Bücher, Foto-Poster,
Kalender, Karten usw. Fragen Sie nach Kawohl-Produkten
oder fordern Sie Prospekte an.

www.kawohl.de